CONSEIL MUNICIPAL D'ORAN

EXPOSÉ

DES QUESTIONS

A SOUMETTRE

à M. le Gouverneur général de l'Algérie

ET

à MM. les Sénateurs et Députés

DE PASSAGE A ORAN

ORAN

IMPRIMERIE DE L'ASSOCIATION OUVRIÈRE

HEINTZ, ARTUS ET Cie

16, boulevard Malakoff, 16

1879

CONSEIL MUNICIPAL D'ORAN

EXPOSÉ

DES QUESTIONS

A SOUMETTRE

à M. le Gouverneur général de l'Algérie

ET

à MM. les Sénateurs et Députés

DE PASSAGE A ORAN

ORAN

IMPRIMERIE DE L'ASSOCIATION OUVRIÈRE

HEINTZ, ARTUS ET Cie

16, boulevard Maïakoff, 16

1879

RAPPORT

PRÉSENTÉ

AU CONSEIL MUNICIPAL D'ORAN

PAR

MM. LASRY & GRÉGOIRE

*au nom de la Commission chargée de préparer l'exposé des
questions municipales à soumettre
à M. le Gouverneur général de l'Algérie et à MM. les Sénateurs
et Députés, à leur passage à Oran.*

Monsieur le Maire,

Messieurs les Conseillers,

Vous nous avez chargés, dans votre séance du 13 octobre, d'examiner quels étaient les points sur lesquels il y avait lieu d'appeler l'attention de M. le Gouverneur et de MM. les Sénateurs et Députés, pendant leur séjour dans notre ville.

Les besoins de la ville d'Oran sont nombreux. Son étendue considérable, qui lui crée de lourdes charges, n'est pas en rapport avec le chiffre de ses habitants et par conséquent avec les recettes de son budget.

Oran est pourtant, par son importance commerciale, la première ville de l'Algérie, et le Gouvernement ne saurait réellement se désintéresser des efforts que les différentes municipalités ont faits pour améliorer sa situation.

Il n'est pas une seule affaire dans laquelle son appui ne nous soit nécessaire ; mais pour ne pas abuser de la bienveillance de nos hôtes, nous nous sommes bornés à choisir, parmi les plus importantes, les questions suivantes que nous vous proposons de soumettre à leur examen.

Terrains domaniaux. — Dotation de la commune.

Les municipalités qui se sont succédé jusqu'à ce jour ont vainement sollicité de l'Administration supérieure la dotation qui leur a été si souvent promise et dont la nécessité se fait depuis longtemps sentir. La ville d'Oran, par la situation qui lui a été faite depuis qu'on a reculé son enceinte, a droit, plus que toute autre, à cette dotation prévue par l'arrêté du 4 novembre 1848, dont l'art. 5 est ainsi conçu :

« Indépendamment des immeubles ci-dessus dési-
» gnés, il sera constitué, en faveur de chaque commune,
» une dotation en immeubles susceptibles de produire
» des revenus et provenant des domaines de l'État ; ces
» concessions auront lieu à titre gratuit. »

Les charges créées à la municipalité par l'extension

de la ville sont, en effet, au-dessus des ressources dont elle dispose. Ces mêmes ressources suffisaient à peine à ses besoins lorsqu'elle était renfermée dans les limites étroites de ses anciens remparts, qui comprenaient une superficie de 60 hectares. Aujourd'hui la ville s'étend sur une superficie de 427 hectares. Une cité nouvelle s'est formée dans la nouvelle enceinte; les quartiers créés ont occasionné et nécessitent encore des dépenses considérables; les propriétaires ne cessent de réclamer des alignements sur le vaste réseau des nouvelles rues tracées dans le plan approuvé le 3 mars 1874. Les instructions du Gouvernement prescrivent de donner suite à ces demandes et imposent à la commune l'obligation de prendre possession des terrains nécessaires à l'ouverture des rues projetées et d'en payer la valeur.

D'un autre côté, les travaux de voirie, la construction des égouts, la canalisation du gaz, la canalisation des eaux, l'entretien et l'éclairage des nouveaux quartiers vont exiger des sacrifices immenses que la commune sera certainement dans l'impossibilité de faire si l'Administration ne lui vient pas en aide.

L'extension donnée à la ville a mis à la disposition de l'État une étendue considérable des terrains compris dans la nouvelle enceinte. Il eût été nécessaire, équitable, d'attribuer à la commune une portion de ces terrains d'une valeur équivalente à celle des charges qu'on lui créait. Mais l'État, qui n'a eu aucune dépense à faire, en a seul tiré profit. Il a réalisé des sommes considérables par les ventes effectuées; il a puisé dans ces mêmes terrains les lots qui lui ont permis de doter le département, le service de l'assistance hospitalière et le consistoire israélite.

La commune seule, dont les travaux ont créé l'énorme plus-value acquise par ces terrains, n'a pu obtenir qu'une parcelle d'une étendue et d'une valeur insignifiantes.

Cependant, M. le Gouverneur général Chanzy a constaté par lui-même, à son passage à Oran, la situation de la ville et ses besoins. Il a lui-même reconnu, au sein du Conseil municipal, dans sa séance du 15 mai 1876, la nécessité absolue de la dotation sollicitée par la commune et a formellement promis qu'elle ne manquerait pas d'être accordée.

La municipalité attend encore la réalisation de cette promesse. Aux demandes qu'elle a successivement formées à ce sujet, l'Administration a toujours répondu par des fins de non-recevoir.

Il nous paraît utile d'exposer ici la marche suivie dans cette affaire : La délibération prise par le Conseil municipal, le 10 juillet 1876 a été transmise le 27 août à M. le Gouverneur général par M. le Préfet, qui l'appuyait d'un avis favorable. Par une dépêche adressée longtemps après (le 28 janvier 1878) à M. le Préfet, M. Le Myre de Villers, Directeur général des affaires civiles faisait connaître que la commune n'avait pas plus à espérer la concession des terrains qui devaient faire l'objet d'échanges avec les propriétaires des immeubles destinés à tomber dans la voie publique que celle des lots qu'elle se proposait d'aliéner pour en affecter le prix aux indemnités d'expropriation ; qu'elle n'obtiendrait, dans tous les cas, que certains lots destinés à être directement utilisés pour les besoins des services communaux.

Le Conseil municipal, voulant se conformer aux instructions renfermées dans cette dépêche, décida, dans sa séance du 31 janvier 1870, de réduire et de limiter strictement aux lots qui lui étaient immédiatement indispensables la liste des terrains dont il poursuivait la concession.

Il se borna donc à demander des lots destinés à l'édification des bâtiments communaux les plus nécessaires, tels que :

Collège,

Écoles communales,

Hôtel de ville,

Justice de Paix,

Commissariats de police,

Halles et marchés,

Presbytères,

Lavoirs publics.

En exprimant toutefois l'espoir qu'on voudrait bien lui accorder ultérieurement une dotation plus complète qui lui permettrait de faire face aux nombreuses charges que l'agrandissement de la ville faisait peser sur elle et parmi lesquelles il y avait lieu de signaler les dépenses de premier établissement et d'entretien de rues destinées à desservir les *terrains vendus aux particuliers au profit de l'État.*

Cette nouvelle demande ne paraît pas avoir été accueillie plus favorablement que les autres; quoi qu'il en soit, pendant que la commune attend une décision dont son avenir dépend, le service des Domaines se hâte de vendre aux particuliers les terrains domaniaux qui sont encore disponibles. Il arrivera qu'il n'en restera plus un seul lorsque le Gouvernement se déterminer à doter notre ville.

Il nous paraît superflu d'exposer combien cette déplorable situation suscite des embarras à la municipalité et combien elle entrave le développement d'une des principales villes de l'Algérie dont la population augmente chaque année dans des proportions considérables.

L'administration supérieure a tout fait pour favoriser le développement et l'embellissement de la ville d'Alger dont l'importance commerciale et industrielle est loin d'atteindre celle de notre cité. Grâce à son bienveillant appui, Alger possède depuis longtemps, un lycée, un théâtre, des écoles, en un mot, les édifices qu'il est indispensable à une ville de posséder. Ne doit-elle pas aussi venir en aide à notre commune qui en est encore réduite à payer des loyers pour la plupart de tous ses services communaux ? Mairies, écoles, collèges, justice de paix, recette municipale, commissariats de police, etc., tous ces services sont installés dans des bâtiments privés dont la location donne lieu à une dépense de 66,766 fr. 54.

L'un des principaux inconvénients de la situation que nous signalons, c'est que la municipalité ne peut s'occuper de l'emprunt qui lui permettra de construire les édifices projetés, avant d'obtenir la concession des terrains qui leur sont destinés. Elle n'atteindrait jamais, en effet, le but qu'elle poursuit s'il lui fallait, à côté des dépenses considérables que ces constructions nécessitent, faire l'acquisition des terrains. Déjà pour contracter un emprunt et pour faire face aux engagements qu'elle a pris avec la Compagnie des eaux de Brédéah, elle aura à s'imposer les plus lourds sacrifices, et ne pourra éviter de créer de nouveaux revenus, ceux de son budget ne suffisant pas à ses besoins actuels.

La remise gratuite des terrains qu'elle sollicite ne la dispensera point de cet emprunt; elle l'aiderait simplement à accomplir la tâche difficile que lui crée le rapide développement de la ville dont elle doit, à tout prix, faciliter l'essor.

Dans cet ordre d'idées l'État ne peut refuser son concours à une commune qui, elle-même, va être obligée d'engager, pour plusieurs années, l'excédant de ses revenus et ses forces contributives.

Frais de traitement des malades indigents dans les hospices

(Décret du 23 décembre 1874)

Le décret du 23 décembre 1874 a mis à la charge de la commune les 4/5 des frais de traitement des malades indigents qui étaient autrefois supportés par le budget départemental, et lui a donné en compensation 1/5 de plus sur le produit de l'octroi de mer.

Il y avait, en effet, à cette époque, compensation réelle entre la charge imposée à la commune et le revenu qu'on lui créait. Mais à peine ce décret fut-il appliqué, que cet état de choses fut singulièrement modifié au détriment de la commune.

Il suffit de comparer la dépense réalisée pour frais d'hospitalisation pendant l'exercice 1875, laquelle s'est élevée à fr. 44,724, 50, à celle effectuée du 31 mai 1878 au 31 mai 1879, qui s'est élevée à fr. 150,349,84, pour se rendre exactement compte du préjudice que la commune subit et qui lui crée de si gros embarras.

En quatre années, les frais d'hospitalisation ont triplé, tandis que le produit de l'octroi de mer a diminué dans des proportions inquiétantes.

Les frais d'hospitalisation payés du 1er juillet 1875 au 31 mai 1879 s'élèvent à la somme de fr. .   591.696f 60

Le 1/5 du produit de l'octroi de mer attribué à la commune pour faire face aux dits frais, n'a donné pendant la période correspondante qu'une somme de fr. . .   287.110 26

D'où un excédant de dépenses de. . .   404.586f 34

La Municipalité sollicite du Gouvernement le remboursement de cette somme ou une compensation équivalente en terrains domaniaux aliénables.

Pareille faveur a déjà été accordée à la ville d'Alger, qui s'est trouvée dans le même cas.

La Municipalité émet également le vœu que le décret du 23 décembre 1874 soit abrogé, et que l'Administration la délivre par ce moyen des difficultés insurmontables que l'application de ce décret lui suscite chaque année.

Dans le cas où ce vœu ne serait pas accueilli, il serait

de toute justice de lui accorder une subvention qui balancerait l'écart entre l'augmentation constante des dépenses d'hospitalisation et la décroissance continue des recettes au titre de l'octroi de mer.

Instruction publique

Lycée

La ville d'Oran s'est toujours imposée de lourds sacrifices pour l'instruction publique. Malheureusement, ses ressources budgétaires ne lui ont jamais permis de répondre à tous les besoins et l'on ne peut espérer qu'elle puisse jamais le faire si l'état ne vient pas l'aider pour la construction d'un lycée et de bâtiments scolaires que la population a si souvent et très-légitimement réclamés.

Le collège communal est installé dans un local insuffisant, mal disposé et dont l'aspect seul produit sur tous les visiteurs, une impression d'autant plus pénible que les Jésuites ont, dans les murs mêmes de notre ville, un magnifique établissement qui attire à lui un grand nombre d'élèves, que des parents soucieux de l'avenir de leurs enfants n'osent envoyer au collège communal.

Les tentatives faites pour remédier à cet état de choses, ont été nombreuses et la municipalité actuelle s'en est occupée à plusieurs reprises. Aujourd'hui, cette question paraît avoir fait un grand pas et peut-être la construction d'un lycée serait-elle déjà commencée, s'il ne fallait remplir des formalités peut être un peu trop minutieuses pour obtenir le concours de l'État. La ville d'Oran ne peut se contenter d'un collège communal ; il lui faut un lycée pouvant recevoir les enfants et les jeunes gens de toute la province. Ce n'est qu'à cette condition que nos professeurs dont le zèle et le dévouement sont si connus, pourront rivaliser avec les Jésuites dont la population supporte, avec impatience, la prédominance.

Cette situation était si bien comprise par le Conseil général que cette assemblée décidait le 19 octobre 1878, qu'une somme de 100,000 francs serait mise à la disposition de la commune pour être affectée à la construction d'un lycée ; et elle demandait en même temps à l'état de venir largement en aide à la municipalité d'Oran.

Quelque temps après, M. le Gouverneur général autorisait la remise à la ville du terrain domanial qu'elle avait demandé pour y élever le nouvel édifice.

Enfin, en réponse à une lettre adressée par M. le Ministre de l'Instruction publique à notre honorable député, le Conseil municipal, après de nombreuses délibérations et plusieurs démarches ayant pour but d'activer la solution de cette affaire, s'engageait, dans sa séance du 9 décembre 1878, à se soumettre à toutes les prescriptions de la loi du 15 mars 1850, régissant la matière.

Le dossier de l'affaire, revenu à la mairie, après avoir été expédié une première fois au Ministère, va lui être retourné sous peu de jours, et c'est ici que nous faisons appel à toute la bienveillance de nos visiteurs en les priant de vouloir bien se joindre à nos représentants et à M. le Gouverneur général, pour obtenir de M. le Ministre de l'Instruction publique et des Chambres une forte sub-

vention qui nous permette enfin de mettre la main à
l'œuvre.

L'enseignement congréganiste ne répond, en Algérie,
à aucun besoin. Il est en opposition formelle avec les
idées courantes de la population européenne. On le subit
avec peine.

Les principes qu'il développe, peuvent, du reste, à un
moment donné, créer un véritable danger pour la colonie,
lorsqu'ils se trouveront en opposition avec les croyances
religieuses des indigènes.

Le gouvernement républicain de la métropole ne peut
donc que seconder efficacement les tentatives faites par
la municipalité, pour donner à l'enseignement laïque
secondaire, tous ses moyens d'action.

Écoles communales

La commune d'Oran se trouve pour l'enseignement
primaire dans la même situation fâcheuse que pour l'enseignement secondaire.

Les écoles communales, sauf deux, sont toutes ins-
tallées dans des bâtiments loués à des particuliers et il
en résulte de lourdes charges pour le budget municipal.
Mais ce sont là des dépenses devant lesquelles on ne
saurait reculer, et le Conseil, se conformant en cela au
vœu de la population, a émis l'avis à différentes reprises, dans ses séances du 18 février, 26 mars, 17 septembre qu'il y avait lieu de substituer l'enseignement laïque
à l'enseignement congréganiste dans les écoles et salles
d'asile de la commune, bien qu'il en résultât une augmentation de dépenses de 10,000 fr. environ.

Le Conseil départemental, dans sa séance du 29 septembre 1879, accueillit favorablement cet avis et sous peu de jours la nomination des instituteurs et institutrices laïques sera faite.

La ville d'Oran dépense annuellement pour les écoles 260,000 francs. Elle a construit deux bâtiments scolaires dont la dépense s'est élevée à 250,000 francs. Mais il lui reste encore beaucoup à faire et le Conseil municipal actuel, arrêté par des difficultés budgétaires, regrette malheureusement de ne pouvoir aller aussi loin qu'il le voudrait.

Aussi est-il obligé d'avoir encore recours à l'État et de profiter de la loi du 26 janvier 1878 qui met à la disposition de M. le Ministre de l'instruction publique une somme de 120 millions destinés à être répartis à titre de prêt ou de subvention entre les communes.

L'administration municipale fait étudier en ce moment les projets de bâtiments scolaires qui doivent être joints à la demande que la commune fera dans quelque temps à M. le Ministre de l'instruction publique.

Nous pensons que MM. les Sénateurs et Députés voudront bien nous accorder encore leur appui et plaider notre cause en haut lieu.

Droits de stationnement sur les quais

La municipalité se trouve, dès aujourd'hui, dans la nécessité de se créer de nouvelles ressources pour faire face à ses besoins actuels auxquels l'insuffisance de son budget ne lui permet pas de répondre. C'est dans ce but qu'elle sollicite du gouvernement l'autorisation de percevoir des droits sur les quais du port d'Oran, conformément aux dispositions des lois du 11 frimaire, an VII, du 18 juillet 1837 et de l'ordonnance royale du 27 septembre 1847.

Le projet de tarif proposé par la municipalité a été établi de manière à ne pas porter atteinte aux intérêts du commerce qui continuera à tirer parti des quais créés à son usage. Il laisse, en effet, aux négociants, la gratuité du stationnement pendant un temps suffisant pour l'embarquement et le débarquement des marchandises. La taxe ne serait appliquée que lorsque la marchandise séjournerait au-delà de ce temps et serait proportionnée au profit, que le stationnement, plus ou moins prolongé, procure au négociant.

Les quais, jusqu'à ce jour sont encore constamment encombrés malgré la pénalité édictée par des arrêtés préfectoraux dont l'exécution se heurte à des impossibilités matérielles. Un grand nombre de commerçants, loin de craindre cette pénalité, s'y expose, au contraire, pour éviter des frais de transport et d'emmagasinage, beaucoup plus coûteux. Les quais leur servent gratuitement d'entrepôts au détriment de ceux qui ne peuvent plus y trouver place par suite de l'encombrement auquel ces abus donnent lieu.

Nous demandons à la Délégation parlementaire et à M. le Gouverneur de vouloir bien appuyer cette demande auprès de M. le Ministre de l'Intérieur, à qui il appartient de préparer, de concert avec son collègue des travaux publics, le décret autorisant l'établissement de la taxe et fixant le quantum des tarifs.

Le projet de tarif proposé par la commune, lui donnera un revenu qui a été estimé approximativement à la somme de 20,000 francs par an, sans imposer trop lourdement le commerce, qui y trouvera, au contraire, dans bien des circonstances, un véritable concours pour la facilité de ses opérations.

Taxe du balayage.

Le budget de la commune ne pouvant supporter la dépense nécessaire au service du balayage public, le Conseil municipal a demandé l'application à Oran, de la loi du 26 mars 1873 qui convertit, en une taxe municipale, l'obligation qui incombe aux propriétaires riverains des rues de Paris livrées à la circulation, de balayer sur la longueur de la façade de leurs immeubles, et sur une largeur égale à la moitié de celle des rues.

La taxe proposée par la municipalité, produirait un revenu inférieur, au crédit affecté à l'entreprise du balayage, crédit qu'il y aura d'ailleurs lieu d'augmenter, si l'on veut donner à ce service, le développement et les soins qu'il comporte.

Ces conditions pourront être exigées de l'entreprise, si, en adoptant le vœu de la municipalité, l'État lui procure les moyens de faire face à la dépense.

L'appui des représentants peut être décisif auprès des Chambres qui vont être appelées à statuer sur cette demande.

Servitudes militaires

L'extension que l'on a donnée en 1866 à la ville d'Oran a fait englober dans les murs de la nouvelle enceinte d'anciens ouvrages défensifs construits par les Espagnols qui ne sont plus aujourd'hui d'aucune utilité.

Les terrains environnants n'en restent pas moins frappés de servitudes au grand détriment de la ville.

Aussi la municipalité serait-elle très-heureuse de voir l'Administration militaire prendre des mesures pour les supprimer, car elles ne sont plus justifiées maintenant, par l'affectation que l'on a faite des locaux du Camp Saint-Philippe et du Château-Neuf.

L'hôpital militaire, qui se trouve dans le centre de la ville, soumet aussi aux servitudes militaires les terrains qui l'environnent. Cet établissement, reconnu insalubre par le Conseil général, serait à déplacer, et M. le Ministre de la guerre paraissait très-disposé, dans sa dépêche du 30 avril 1876, à faire cession à la commune ou au département des locaux qui lui sont actuellement affectés et qui auraient reçu une autre destination.

Mais le cessionnaire devait s'engager à pourvoir à la totalité de la dépense (soit 1,500,000 francs.) que nécessiterait la construction d'un nouvel hôpital présentant des ressources d'une égale importance.

C'était là un présent bien onéreux pour ceux auxquels il était offert.

Le département ou la commune ne pourraient profiter des bonnes dispositions de M. le Ministre de la guerre que si l'État consentait à supporter la plus grande partie des dépenses à faire.

Il y aurait lieu également de déplacer les poudrières et le parc à fourrages, dont la présence dans l'enceinte de la ville et près des quartiers populeux constitue un véritable danger pour les habitants.

Leur installation remonte à une époque où la ville d'Oran ne s'étendait pas encore sur le plateau de la Mosquée et paraît avoir été faite dans cette intention bien arrêtée d'écarter ces deux dépôts des agglomérations principales. Il est assez naturel que la municipalité souhaite aujourd'hui que l'on cherche pour eux d'autres emplacements ; et il ne serait pas difficile d'en trouver à proximité de la ville, mais en dehors de l'enceinte, qui répondent à toutes les conditions exigées par les services compétents.

Ces améliorations, qui sont demandées à l'Administration militaire, entraîneraient des dépenses auxquelles il y aurait lieu de faire face par des allocations budgétaires, car la ville ne pourrait s'imposer de ce chef de nouvelles charges.

Achèvement du port

Bien que le Conseil municipal n'ait pas à traiter directement cette question, il ne peut dans cet exposé rapide des besoins de la ville, oublier d'attirer l'attention de M. le Gouverneur et de la Députation parlementaire sur l'état déplorable dans lequel se trouvent actuellement les quais de notre ville.

L'État, après avoir dépensé de fortes sommes pour la

construction des deux jetées qui forment le port neuf paraît ne plus pouvoir consacrer annuellement qu'une somme insignifiante pour l'achèvement des travaux complémentaires alors qu'il aurait fallu dépenser rapidement trois millions environ pour mettre les quais en état de répondre à tous les besoins du commerce.

La chambre de commerce s'est émue de cette situation. Elle a offert à l'État de lui venir en aide en mettant à sa disposition les fonds nécessaires pour achever les travaux dans un bref délai. Ces fonds doivent lui être remboursés par le Trésor en dix annuités. Mais la chambre de commerce est obligée, de son côté, de faire un emprunt et d'affecter à l'amortissement de cet emprunt le montant d'un droit de tonnage à établir de 0,55 à 0,60.

C'est ce qu'ont fait les chambres de commerce de Dunkerque, du Havre, de Bordeaux et de Marseille.

Cette mesure, qui n'offre aucun inconvénient pour des villes faites depuis longtemps et qui se trouvent au passage de courants commerciaux qu'une augmentation de fret relativement peu considérable ne saurait détourner, peut créer dans l'avenir au port d'Oran une situation désavantageuse par rapport aux ports d'Arzew et de Beni-Saf.

Aussi le Conseil municipal ne peut qu'émettre le vœu que les travaux d'achèvement du port d'Oran soient menés avec la plus grande activité et que l'État consacre à ces travaux des fonds pris directement sur son budget.

Conseil de prud'hommes

Dans sa séance du 6 novembre 1878, le Conseil municipal d'Oran a émis un vœu en vue d'obtenir la création d'un Conseil de Prud'hommes.

La population ouvrière d'Oran attend avec impatience la réalisation de ce vœu, qui paraît être subordonné à une loi portant introduction en Algérie de la juridiction de ces Conseils.

La composition particulière de la population ouvrière de la Colonie, dont le caractère essentiellement nomade ne permet pas d'imposer la durée de domicile fixée pour la France, et, d'autre part, la question de savoir s'il convient d'admettre les étrangers dans la composition de ces Conseils, exigent, en effet, une législation spéciale.

Nous espérons que MM. les Députés et Sénateurs voudront bien hâter la solution de cette importante question.

Oran, le 17 octobre 1879.

Les rapporteurs de la Commission,
LASRY.   **GRÉGOIRE.**

Dans la séance du 17 octobre, le Conseil municipal a adopté à l'unanimité le rapport de la Commission qui et décidé qu'il serait présenté par M. le Maire à M. le Gouverneur et à MM. les Sénateurs et Députés.

VILLE D'ORAN

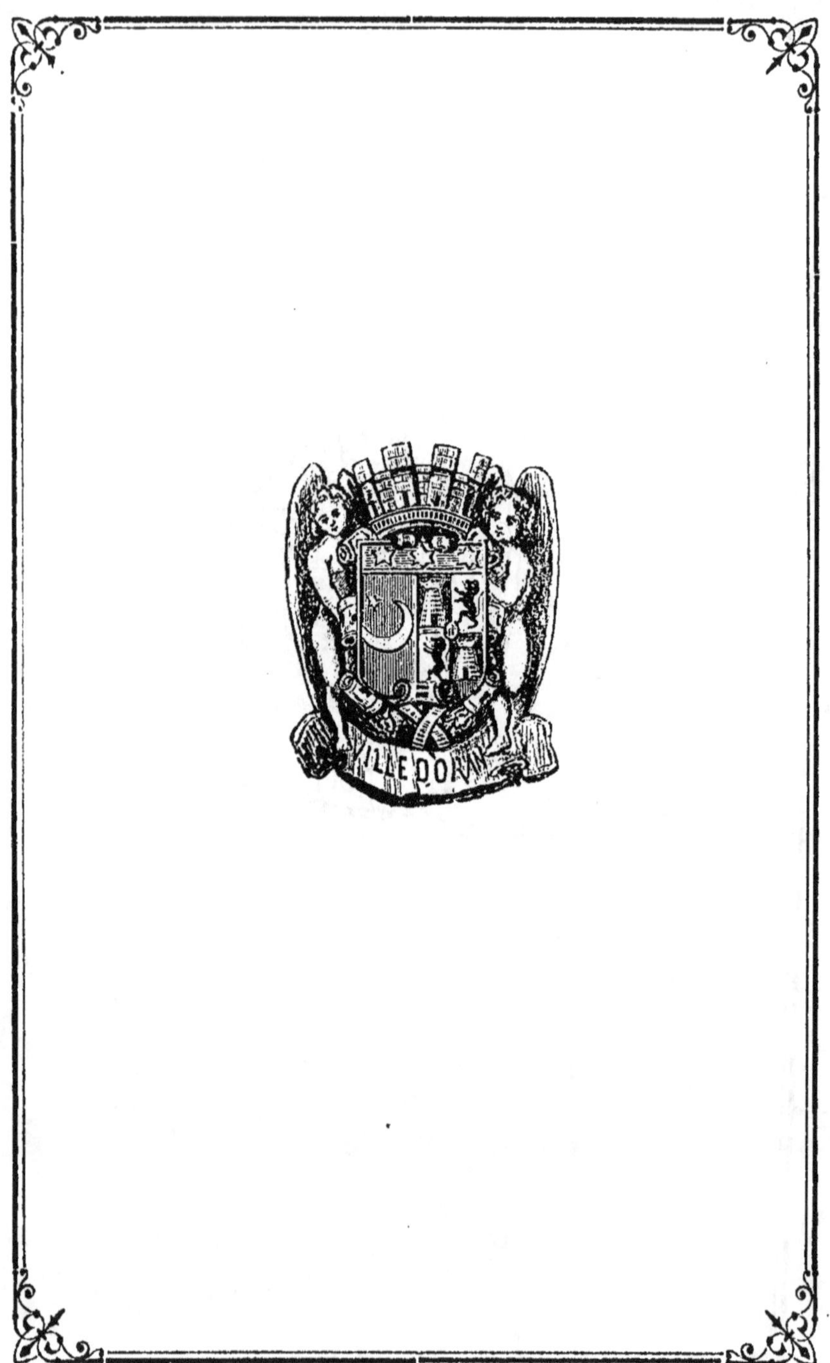

LLE DO